DATE   /   /

TRACE THE LINES

TRACE THE LINES

TRACE THE LINES

TRACE THE LINES

TRACE THE LINES

DATE   /   /

TRACE THE LINES

DATE /   /

TRACE THE SHAPES

TRACE THE SHAPES

TRACE THE SHAPES

TRACE THE SHAPES

TRACE THE SHAPES

TRACE THE LETTERS

AAAAAAAAA

BBBBBB

CCCCC

DDDDD

TRACE THE LETTERS

TRACE THE LETTERS

I I I I I I I I I I

J J J J J J J J J J

K K K K K K K K K K

L L L L L L L L L L

TRACE THE LETTERS

M M M M M M M M M

N N N N N N N N N

O O O O O O O O O

P P P P P P P P P

Q Q Q Q Q Q Q Q

TRACE THE LETTERS

R R R R R R R R

S S S S S S S S

T T T T T T T T T

U U U U U U U U U

V V V V V V V V V

TRACE THE LETTERS

TRACE THE LETTERS

a a a a a a a a a a

c c c c c c c c c c

b b b b b b b b b b

e e e e e e e e e e

d d d d d d d d d d

f f f f f f f f f f

g g g g g g g g g g

h h h h h h h h h h

TRACE THE LETTERS

i i i i i i i i i i i

j j j j j j j j j j j

k k k k k k k k k k k

l l l l l l l l l l l

m m m m m m m m m m

n n n n n n n n n n n

o o o o o o o o o o o

p p p p p p p p p p p

TRACE THE LETTERS

q r s t u v w x
q r s t u v w x
q r s t u v w x
q r s t u v w x
q r s t u v w x
q r s t u v w x
q r s t u v w x

y y y y y y y y y y y

z z z z z z z z z z z

TRACE THE NUMBERS

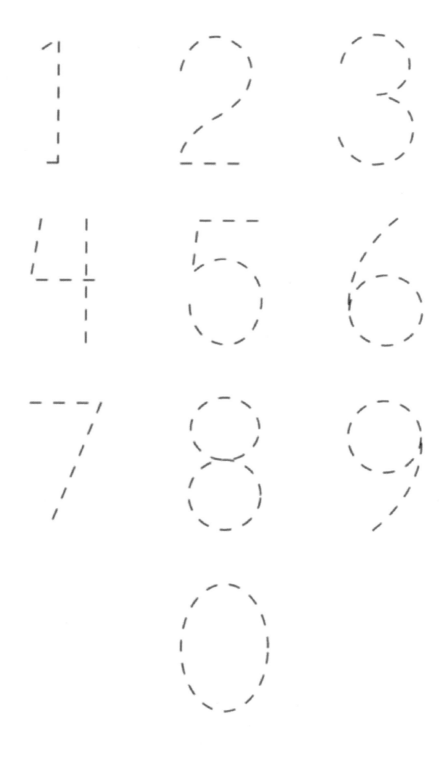

TRACE THE NUMBERS

0 1 2 3 4

5 6 7 8 9

0 1 2 3 4

5 6 7 8 9

TRACE THE NUMBERS

0 0 0 0 0 0 0 0 0 0

1 1 1 1 1 1 1 1 1 1

2 2 2 2 2 2 2 2 2 2

4 4 4 4 4 4 4 4 4 4

3 3 3 3 3 3 3 3 3 3

5 5 5 5 5 5 5 5 5 5

7 7 7 7 7 7 7 7 7 7

8 8 8 8 8 8 8 8 8 8

6 6 6 6 6 6 6 6 6 6

9 9 9 9 9 9 9 9 9 9

TRACE THE SHAPES

FOLLOW THE PATH

Copy the path along the dots that is above
in the pattern below it.

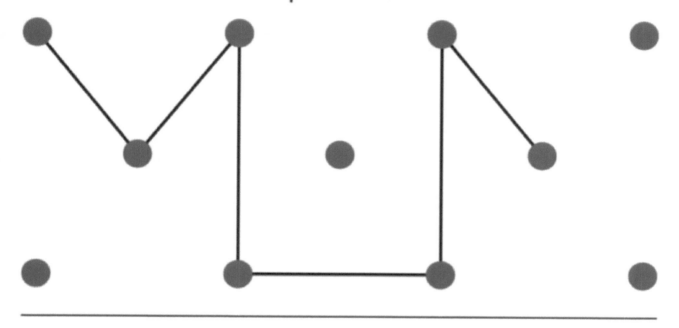

FOLLOW THE PATH

Copy the path along the dots that is above
in the pattern below it.

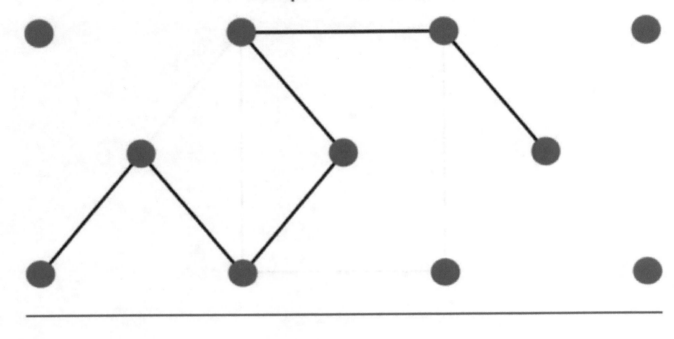

FOLLOW THE PATH

Copy the path along the dots that is above
in the pattern below it.

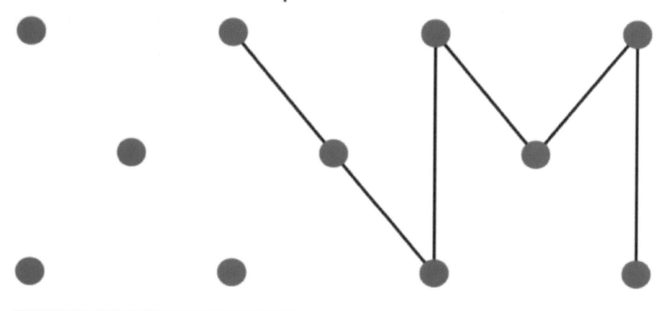

FOLLOW THE PATH

Copy the path along the dots that is above
in the pattern below it.

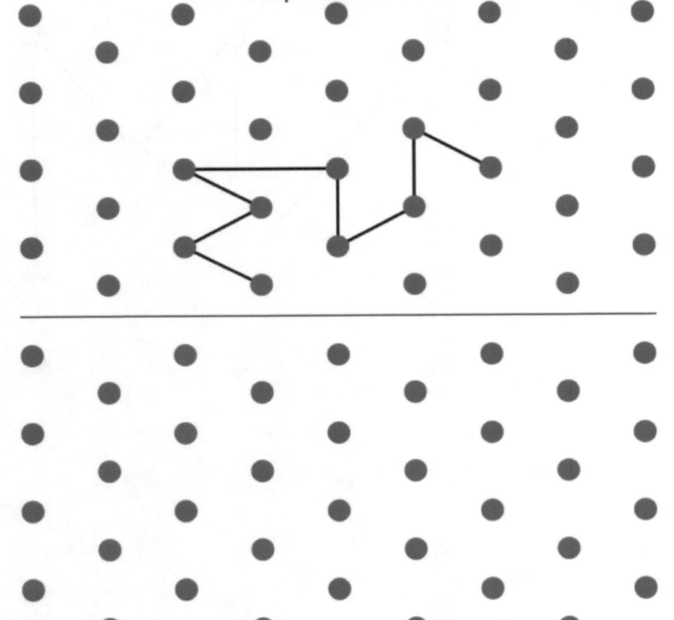

FOLLOW THE PATH

Copy the path along the dots that is above
in the pattern below it.

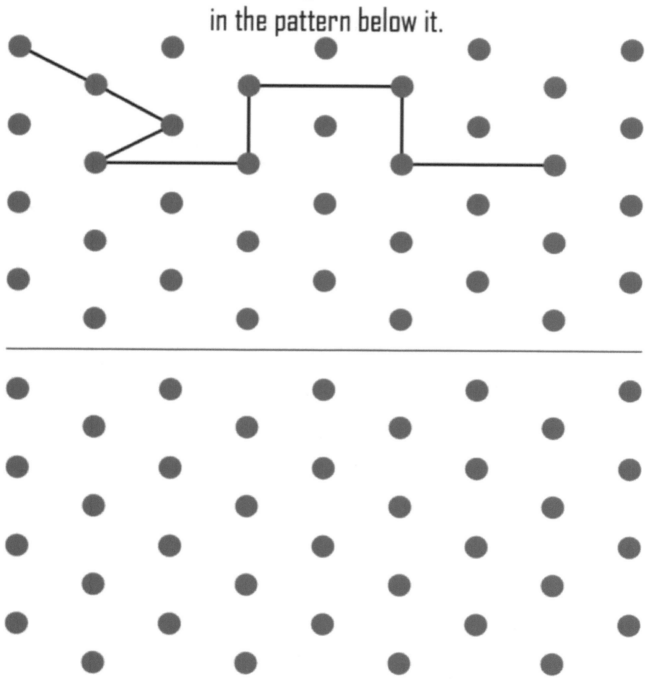

FOLLOW THE PATH

Copy the path along the dots that is above
in the pattern below it.

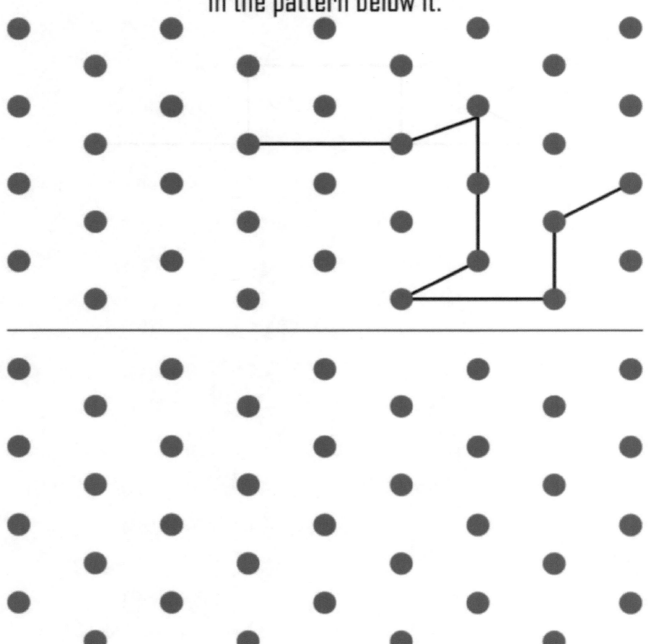

RECREATE THE PATTERNS

Observe and memorize the patterns below.
Recreate them in the next page.

RECREATE THE PATTERNS

Observe and memorize the patterns below.
Recreate them in the next page.

RECREATE THE PATTERNS

Observe and memorize the patterns below.
Recreate them in the next page.

RECREATE THE PATTERNS

Observe and memorize the patterns below.
Recreate them in the next page.

RECREATE THE PATTERNS

Observe and memorize the patterns below.
Recreate them in the next page.

RECREATE THE PATTERNS

Observe and memorize the patterns below.
Recreate them in the next page.

RECREATE THE PATTERNS

Observe and memorize the patterns below.
Recreate them in the next page.

RECREATE THE PATTERNS

Observe and memorize the patterns below.
Recreate them in the next page.

RECREATE THE PATTERNS

Observe and memorize the patterns below.
Recreate them in the next page.

RECREATE THE PATTERNS

Observe and memorize the patterns below.
Recreate them in the next page.

RECREATE THE PATTERNS

Observe and memorize the patterns below.
Recreate them in the next page.

RECREATE THE PATTERNS

Observe and memorize the patterns below.
Recreate them in the next page.

RECREATE THE PATTERNS

Observe and memorize the patterns below.
Recreate them in the next page.

RECREATE THE PATTERNS

Observe and memorize the patterns below.
Recreate them in the next page.

RECREATE THE PATTERNS

Observe and memorize the patterns below.
Recreate them in the next page.

RECREATE THE PATTERNS

Observe and memorize the patterns below.
Recreate them in the next page.

RECREATE THE PATTERNS

Observe and memorize the patterns below.
Recreate them in the next page.

RECREATE THE PATTERNS

Observe and memorize the patterns below.
Recreate them in the next page.

MAZE 1

Trace the path from one point to another.

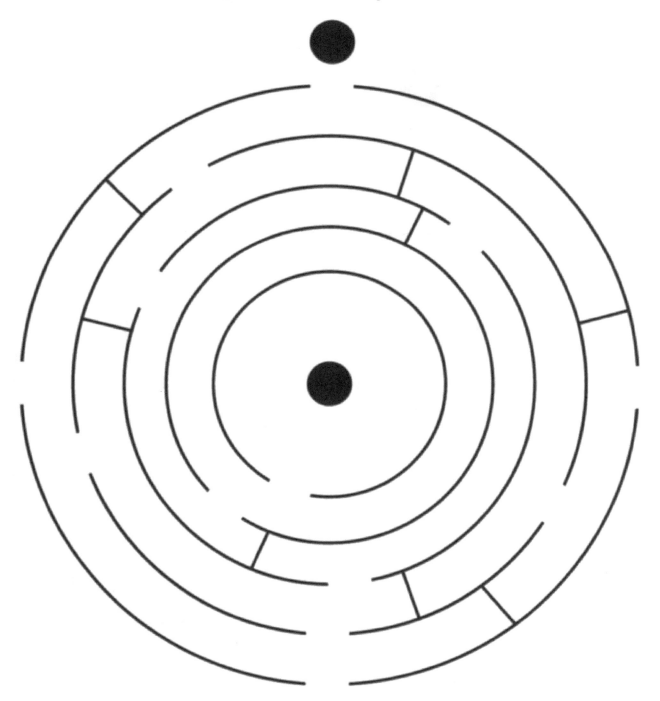

MAZE 2

Trace the path from one point to another.

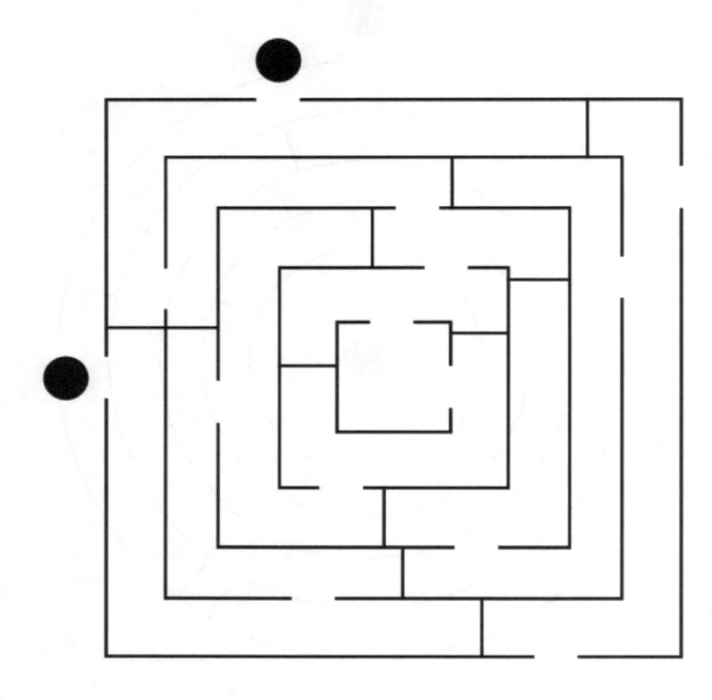

MAZE 3

Trace the path from one point to another.

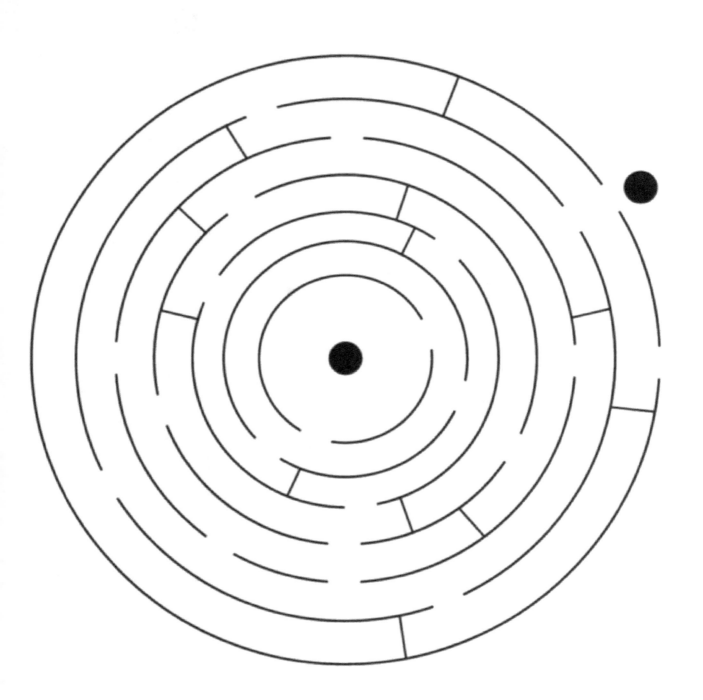

MAZE 4

Trace the path from one point to another.

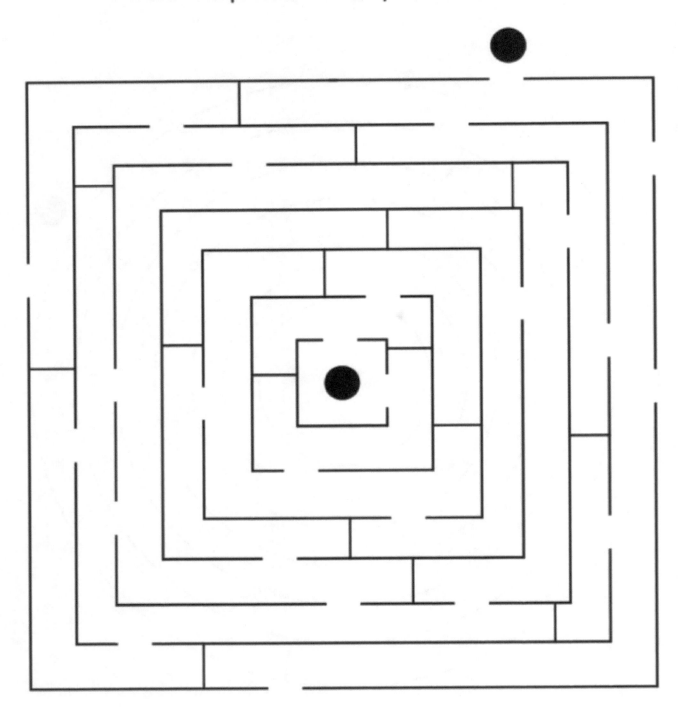

MAZE 5

Trace the path from one point to another.

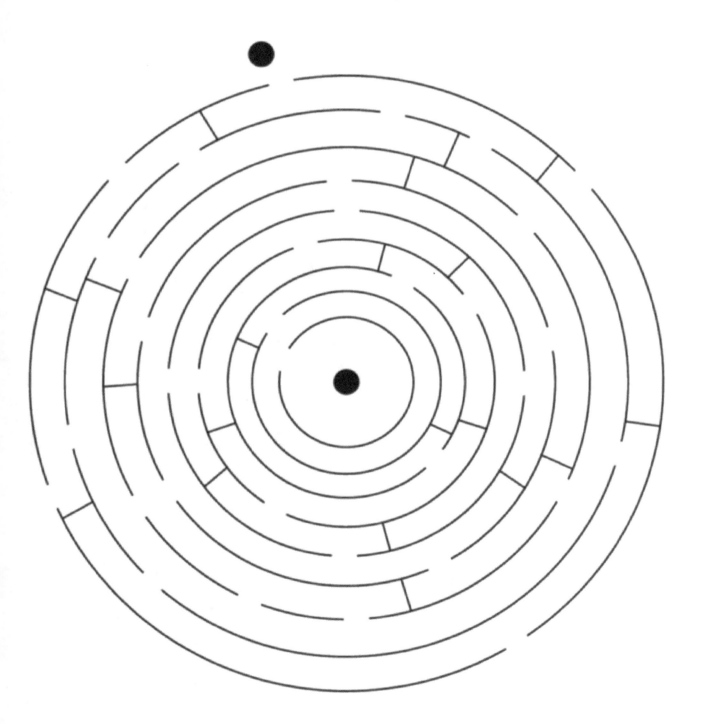

MAZE 6

Trace the path from one point to another.

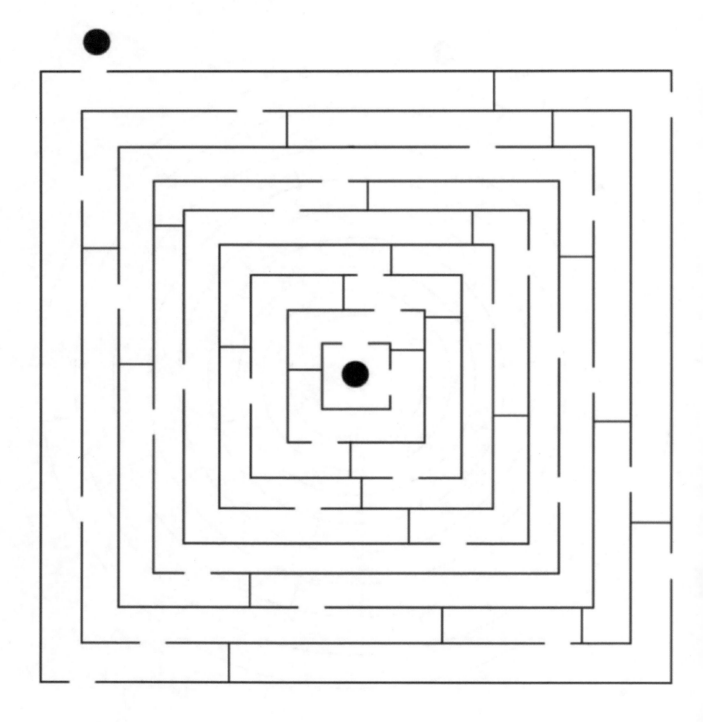

FACE ANAGRAM

Unscramble the letters to find the words.

1) REA ....

2) HINC ....

3) BOERWYE ....

4) GNETUO ....

5) RIHA ....

6) HETTE ....

7) UMTOH ....

8) OSNE ....

9) KEHEC ....

10) YEES ....

WORD BOX

HAIR - EAR - NOSE - MOUTH - EYES - CHIN - CHEEK - EYEBROW
- TONGUE - TEETH

FRUIT ANAGRAM

Unscramble the letters to find the words.

1) HACPE ....

2) NMAOG ....

3) REPA ....

4) RERYHC ....

5) GRONAE ....

6) PLAPE ....

7) WKII ....

8) MPUL ....

9) PRAGES ....

10) ANNABA ....

WORD BOX

APPLE - ORANGE - BANANA - GRAPES - CHERRY - PEAR - PLUM
- KIWI - PEACH - MANGO

SPORTS ANAGRAM

Unscramble the letters to find the words.

1) GLYNICC..............................

2) TEASK..............................

3) KINISG..............................

4) BLOATFLO..............................

5) LOFG..............................

6) ABLESTBALK..............................

7) NENIST..............................

8) GMISMWIN..............................

9) GUBYR..............................

10) FRIGNUS..............................

WORD BOX

SWIMMING - TENNIS - SURFING - SKIING - CYCLING - RUGBY - SKATE - BASKETBALL - GOLF - FOOTBALL

ACTIONS ANAGRAM
Unscramble the letters to find the words.

1) PELES ....

2) PLAC ....

3) CENAD ....

4) TAE ....

5) NUR ....

6) ARDE ....

7) ROWK ....

8) RITEW ....

9) GINS ....

10) MUPJ ....

11) KAWL ....

12) OKOC ....

WORD BOX

JUMP - READ - DANCE - WALK - SING - RUN - COOK - SLEEP - WORK - EAT - CLAP - WRITE

ADJECTIVES ANAGRAM
Unscramble the letters to find the words.

1) ROTHS ....

2) DOUL ....

3) TUEQI ....

4) GUONY ....

5) LAMLS ....

6) IGB ....

7) LODC ....

8) SHFER ....

9) GROTNS ....

10) DOL ....

11) OTH ....

12) LALT ....

WORD BOX

TALL - STRONG - HOT - COLD - YOUNG - OLD - BIG - SMALL -
SHORT - LOUD - QUIET - FRESH

FEELINGS ANAGRAM

Unscramble the letters to find the words.

1) RELCEV ....

2) PEYELS ....

3) RIREDOW ....

4) NUYRGH ....

5) HYS ....

6) ADS ....

7) PYPAH ....

8) RADSEC ....

9) DEBRO ....

10) NYGRA ....

11) CIROUSU ....

12) DIRET ....

WORD BOX

SAD - HAPPY - HUNGRY - SCARED - SHY - ANGRY - SLEEPY - BORED - WORRIED - TIRED - CLEVER - CURIOUS

IN THE HOUSE ANAGRAM
Unscramble the letters to find the words.

1) DEB ....

2) LITOTE ....

3) RODO ....

4) CRAHI ....

5) NIDWOW ....

6) LETAB ....

7) OWRESH ....

8) FOSA ....

9) DEGIRF ....

10) VEAMORWIC ....

11) KESD ....

12) ENVO ....

13) EHSFL ....

14) HTBBAUT ....

15) UGR ....

16) ALIFERPEC ....

17) PAML ....

18) IVISNOLETE ....

19) SIRAST ....

20) KOCLC ....

WORD BOX

CLOCK - TOILET - BATHTUB - FRIDGE - OVEN - SHOWER - CHAIR - LAMP - DESK - STAIRS - RUG - TABLE - SHELF - DOOR - MICROWAVE - TELEVISION - WINDOW - FIREPLACE - SOFA - BED

IN THE GARDEN ANAGRAM

Unscramble the letters to find the words.

1) BELTEE ....

2) TOSOR ....

3) RIDSB ....

4) SEDES ....

5) GROF ....

6) PERLRINKS ....

7) TAN ....

8) FALE ....

9) RATEH ....

10) TESN ....

11) SARGS ....

12) SEHO ....

13) OPT ....

14) NIVE ....

15) EBE ....

16) UDM ....

17) ELFROWS ....

18) BRETFLUTY ....

19) RETE ....

20) REEGN ....

WORD BOX

GRASS - GREEN - SEEDS - MUD - NEST - BEE - BUTTERFLY - FLOWERS - VINE - LEAF - ROOTS - HOSE - ANT - FROG - SPRINKLER - BEETLE - TREE - EARTH - POT - BIRDS

IN THE OCEAN ANAGRAM

Unscramble the letters to find the words.

1) TOAB

2) CHEAB

3) VESAW

4) AFRHISTS

5) NASD

6) RULETT

7) SKARH

8) COPTSOU

9) OHRES

10) RUFS

11) LESLSH

12) KOSCR

13) FYIJELLSH

14) LORAC

15) BACR

16) LEAS

17) ALECNIP

18) AHLEW

19) ADEEWES

20) HINDLOP

WORD BOX

SHELLS - CRAB - BEACH - CORAL - JELLYFISH - SHARK - DOLPHIN - TURTLE - PELICAN - SEAL - SEAWEED - STARFISH - SAND - WAVES - ROCKS - SHORE - BOAT - SURF - WHALE - OCTOPUS

LETTER SOUP 01 - WEATHER
Find the words in the puzzle.
Words hidden across and down only.

```
D  W  G  W  S  U  N  N  Y  T  L  T
W  L  N  H  W  S  T  O  R  M  Y  H
I  R  O  X  J  S  N  O  W  Y  V  U
N  A  O  C  L  O  U  D  Y  H  X  N
D  I  H  P  V  C  R  Y  D  Y  Y  D
Y  N  C  W  R  A  I  N  B  O  W  E
S  Y  L  I  G  H  T  N  I  N  G  R
D  X  F  F  O  G  G  Y  M  L  W  Q
```

SUNNY	SNOWY	THUNDER
CLOUDY	RAINBOW	LIGHTNING
RAINY	FOGGY	
STORMY	WINDY	

LETTER SOUP 02 - ANIMALS

Find the words in the puzzle.
Words hidden across and down only.

```
M  Z  E  B  R  A  K  A  G  H  W  E
Q  W  F  G  I  R  A  F  F  E  T  C
W  O  L  F  L  O  T  V  K  H  I  E
E  L  E  P  H  A  N  T  C  I  G  E
O  F  P  A  R  R  O  T  O  R  E  I
F  U  M  X  M  O  N  K  E  Y  R  K
L  I  O  N  V  P  A  N  D  A  V  A
L  N  A  B  E  A  R  Y  X  L  N  E
```

TIGER   MONKEY   GIRAFFE
BEAR   ELEPHANT   PANDA
LION   PARROT
ZEBRA   WOLF

LETTER SOUP 03 - FLOWERS
Find the words in the puzzle.
Words hidden across and down only.

```
C  A  L  E  N  D  U  L  A  A  A  M
C  R  O  S  E  E  Z  Y  G  O  Q  N
S  U  N  F  L  O  W  E  R  R  F  T
D  A  I  S  Y  Q  X  R  Q  C  D  U
S  G  A  R  D  E  N  I  A  H  D  L
L  A  V  E  N  D  E  R  C  I  E  I
O  R  L  I  L  Y  R  D  H  D  I  P
X  F  J  A  S  M  I  N  E  O  N  H
```

GARDENIA   ORCHID   LAVENDER
SUNFLOWER   DAISY   CALENDULA
LILY   TULIP
ROSE   JASMINE

LETTER SOUP 04 - JOBS

Find the words in the puzzle.
Words hidden across, down, and diagonally.

```
C E B P Q T U N A L P W C C J B G L
Y J D F Q Q O D I E G I Q Q X K A R
A E O T C L D Z P L N V C B P W B Q
F S C U E D I O U L F G S C B U L L
F G Q H R A E C C W U E I L H F V A
S I I U R N C N E T A M U N P W R W
I B R W V Y A H T M O R B H E P J Y
N P I E U O C L E I A R T E A E O E
G T D Y M G P H I R S N I I R K R R
E J X S J A K J E S W T R T S L X Y
R L K J L W N G O F T O M T V T R J
T W E O X R M G O G M M V V S V N M
```

DOCTOR   PLUMBER   POLICEMAN

DENTIST   CHEF   TEACHER

JOURNALIST   ARTIST   SINGER

LAWYER   FIREMAN   ENGINEER

LETTER SOUP 05 - VEHICLES
Find the words in the puzzle.
Words hidden across, down, and diagonally.

```
O Y J U L U U I E Y T R U C K H B T
M H J C A V Q B R Q H R X X I C R R
O P L A N E J G I F E F B D Q A T A
T G X A B N Y Y W N L H H I W G E C
O L F B I I R V F S I D V Y Z D B T
R S G L U B C C V O C C A R R F M O
C H X Q L S Y Y F H O X T A X I H R
Y I O G H M O X C Z P B Y G P U G N
C P X S A H R L B L T X Y C A Y C M
L Q O U B M A R I N E J J Y K X L T
E X V B O T R A I N R Z A V L I A C
F Z B L C R R V P C L H Z K O G W W
```

BICYCLE   TRUCK   TRAIN
MOTORCYCLE   PLANE   SUBMARINE
CAR   SHIP   TRACTOR
BUS   HELICOPTER   TAXI

LETTER SOUP 06 - CLOTHES

Find the words in the puzzle.
Words hidden across, down, and diagonally.

```
T  B  N  T  G  D  J  I  Z  S  M  V  W  V  S  P  W  W
U  G  W  L  M  T  S  O  P  E  N  O  B  R  W  V  T  C
Z  S  E  O  Q  J  E  A  N  S  T  S  O  P  E  O  D  J
Z  K  D  S  C  W  K  P  X  B  P  S  E  C  A  D  Z  A
S  F  W  J  S  S  W  H  G  A  H  H  G  G  T  W  P  C
O  X  W  J  T  W  K  D  O  T  Z  O  R  F  E  W  D  K
X  Y  S  B  P  S  S  I  R  O  I  E  S  V  R  U  X  E
W  A  Z  C  P  Y  H  O  R  E  D  S  O  I  K  P  T
U  L  O  F  A  R  V  I  C  T  S  I  H  V  P  Q  U  S
G  T  P  O  H  R  H  A  R  K  O  S  E  J  G  F  L  K
N  M  B  U  A  Z  F  Q  P  T  S  I  S  H  O  R  T  U
O  K  S  P  K  R  N  O  P  Z  C  O  A  T  U  O  N  S
```

SWEATER   HOODIE   SCARF
DRESS   SKIRT   SOCKS
TSHIRT   SHORT   JEANS
SHOES   COAT   JACKET

LETTER SOUP 07 - SPACE

Find the words in the puzzle.
Words hidden across, down, and diagonally.

```
M L D B M X M O O N B P L A N E T S
D V C O M E T G H C Z J K T N F A A
E D H S B G W A A S T R O N A U T T
I U G C R R E L V D B V I M K Z P E
G M O Q I V X A M E T E O R K S K L
R R O C K E T X F R O R B I T T M L
P G Y W A V R Y U L Z O L T N A W I
P A K A S T E R O I D S O R A R T T
O T T E L E S C O P E L I B S S E E
Y E C L I P S E E A R T H C B I J W
X A F W B Q G O C J Y I K S U N J O
V O L A L I E N W J A I U Y C H O Z
R O C K G A X L O P L A L I N M A E
```

EARTH   ASTEROIDS   SATELLITE   PLANET
ASTRONAUT   ROCKET   METEOR   ALIEN
COMET   PLANET   MOON   TELESCOPE
SUN   STARS   GALAXY   ORBIT

LETTER SOUP 08 - FAMILY

Find the words in the puzzle.
Words hidden across, down, and diagonally.

```
Q G G L Q Q S I S T E R A D Y J Z U
K C R R H F W I J W S O N R M L E N
F Z N A A U K I B G G I Z S T R E C
F A P O N N S K F L E A K Y P A N L
C M T Q F O O B X E I P U V O B E E
S R O H I M M F A U M N X W C R P J
T I Q T E Z B O A N Q N G F V O H S
J W Z P H R Q F T T O Q V S Z T E N
E G I P G E E R H H H J M O O H W N
A O U N O P R T X R E E Q R T E B N
A U N T S U M O T U P R R U W R L V
S O A U G H T E R N I E C E I T L F
F A T H O R W L O T S X P I F O R N
```

MOTHER   AUNT   NEPHEW   GRANDMOTHER

FATHER   UNCLE   HUSBAND   NIECE

SISTER   SON   WIFE   TWINS

BROTHER   DAUGHTER   GRANDFATHER   SIBLINGS

LETTER SOUP 09 - DINOSAURS

Find the words in the puzzle.
Words hidden across, down, and diagonally.

```
T  T  Q  L  I  G  U  A  N  O  D  O  N  A  P  A  S  P
R  B  R  A  C  H  I  O  S  A  U  R  U  S  W  V  C  T
E  Z  T  S  J  T  R  I  C  E  R  A  T  O  P  S  O  E
X  M  R  J  A  N  K  Y  L  O  S  A  U  R  U  S  L  R
B  O  H  L  X  P  L  E  S  I  O  S  A  U  R  I  O  O
O  V  A  M  S  T  E  G  O  S  A  U  R  U  S  O  S  D
K  O  T  N  A  A  P  A  T  O  S  A  U  R  U  S  A  A
V  E  L  O  C  I  R  A  P  T  O  R  Y  P  Z  Z  U  C
M  I  C  H  T  H  Y  O  S  A  U  R  U  S  K  Q  R  T
Y  R  S  G  O  D  I  P  L  O  D  O  C  U  S  B  U  Y
O  H  S  T  D  E  I  N  O  N  Y  C  H  U  S  O  S  L
Q  A  K  L  I  N  M  J  K  M  A  M  M  O  T  H  G  Q
P  L  I  O  S  A  U  R  U  S  X  A  R  E  N  L  S  F
```

STEGOSAURUS	APATOSAURUS	PTERODACTYL	MAMMOTH
PLESIOSAUR	TRICERATOPS	DIPLODOCUS	SCOLOSAURUS
IGUANODON	VELOCIRAPTOR	ANKYLOSAURUS	DEINONYCHUS
TREX	BRACHIOSAURUS	ICHTHYOSAURUS	PLIOSAURUS

VISUAL DISCRIMINATION

Copy the pattern from the fish to the left to the fish
that is on the right. Color them when you finish.

VISUAL DISCRIMINATION

Copy the pattern in the left wing to the right wing.
Color them when you finish.

VISUAL DISCRIMINATION

Copy the pattern in the left side of the beetle to the right side. Color them when you finish.

VISUAL DISCRIMINATION

Copy the pattern from the egg to the left to the egg
that is on the right. Color them when you finish.

VISUAL DISCRIMINATION

Continue the pattern of the left side of the pumpkings
in the right side. Color them when you finish.

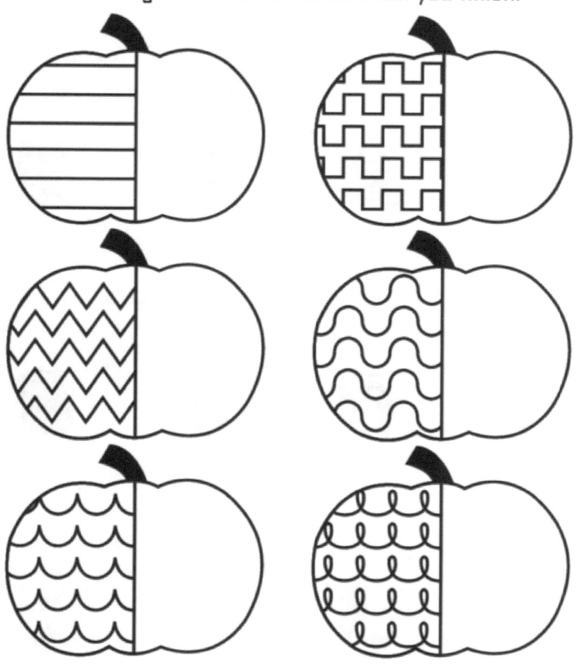

VISUAL DISCRIMINATION

Copy the pattern from the mushroom to the left
to the mushroom that is on the right. Color them when you
finish.

VISUAL DISCRIMINATION

Copy the pattern from the pizza to the left
to the pizza that is on the right. Color them when you finish.

VISUAL DISCRIMINATION

Copy the pattern from the icecream to the left
to the icecream that is on the right. Color them when you
finish.

VISUAL DISCRIMINATION

Copy the pattern from the cupcake to the left
to the cupcake that is on the right. Color them when you
finish.

VISUAL DISCRIMINATION - LETTERS
Circle the letter that is the same as the first letter.

A	**a**	**A**	**Y**	**o**
b	**d**	**B**	**R**	**b**
c	**U**	**c**	**C**	**q**
D	**p**	**D**	**d**	**C**
E	**f**	**e**	**E**	**L**

VISUAL DISCRIMINATION - LETTERS

Circle the letter that is the same as the first letter.

F	f	T	F	I
g	G	p	a	g
H	L	H	d	h
i	l	i	t	j
J	g	G	J	p

VISUAL DISCRIMINATION - LETTERS
Circle the letter that is the same as the first letter.

K	**k**	**y**	**Y**	**K**
L	**L**	**i**	**T**	**y**
m	**n**	**m**	**M**	**u**
N	**M**	**n**	**N**	**x**
o	**O**	**c**	**o**	**D**

VISUAL DISCRIMINATION - SHADOWS

Circle the object that belongs to the shadow in the box.

VISUAL DISCRIMINATION - SHADOWS
Circle the object that belongs to the shadow in the box.

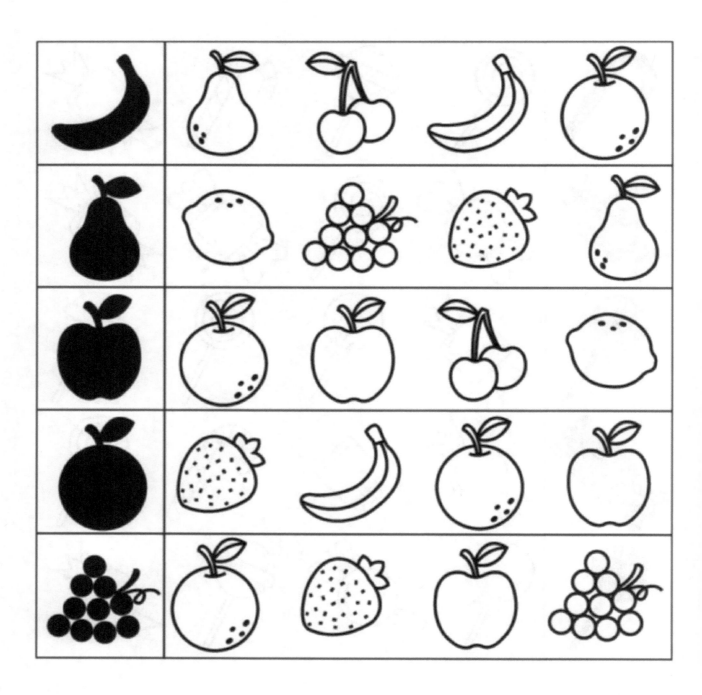

VISUAL DISCRIMINATION - SHADOWS

Circle the object that belongs to the shadow in the box.

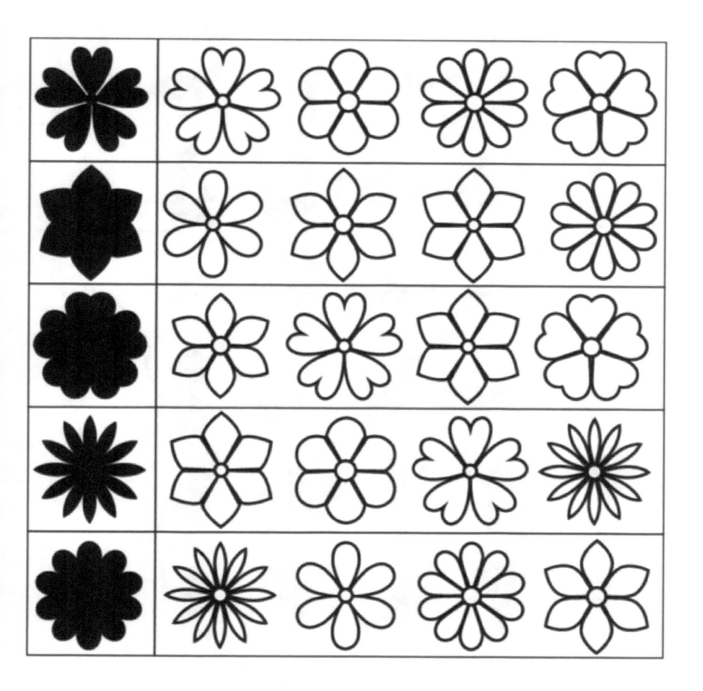

VISUAL DISCRIMINATION - SHADOWS

Circle the shadow that is the same as the shadow in the box.

VISUAL DISCRIMINATION - SHADOWS

Circle the shadow that is the same as the shadow in the box.

VISUAL DISCRIMINATION - SHADOWS

Circle the shadow that is the same as the shadow in the box.

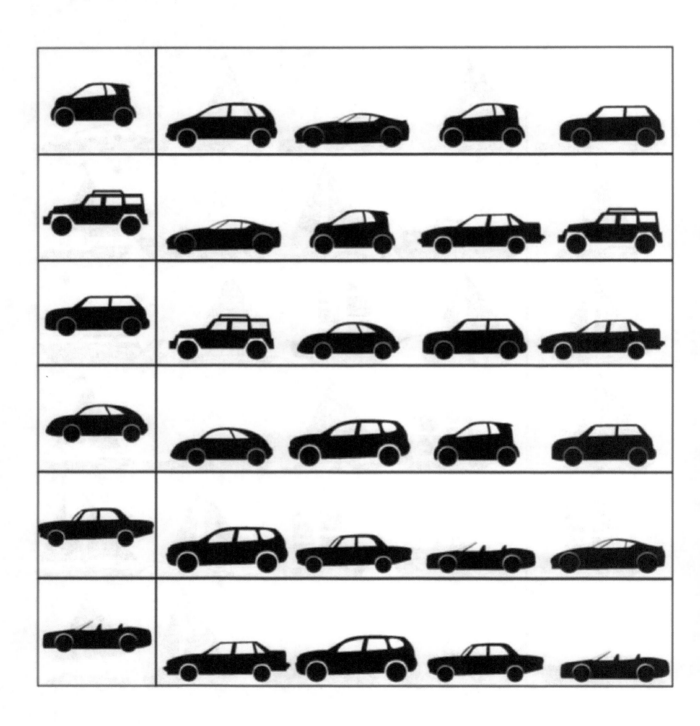

SPY GAME

How many can you find?
Write the answer in the square.
The objects can be in any size and direction.

SPY GAME

How many can you find?
Write the answer in the square.
The objects can be in any size and direction.

SPY GAME

How many can you find?
Write the answer in the square.
The objects can be in any size and direction.

SPY GAME

How many can you find?
Write the answer in the square.
The objects can be in any size and direction.

SPY GAME

How many can you find?
Write the answer in the square.
The objects can be in any size and direction.

SPY GAME

How many can you find?
Write the answer in the square.
The objects can be in any size and direction.

SPY GAME

How many can you find?
Write the answer in the square.
The objects can be in any size and direction.

SPY GAME

How many can you find?
Write the answer in the square.
The objects can be in any size and direction.

SPY GAME

How many can you find?
Write the answer in the square.
The objects can be in any size and direction.

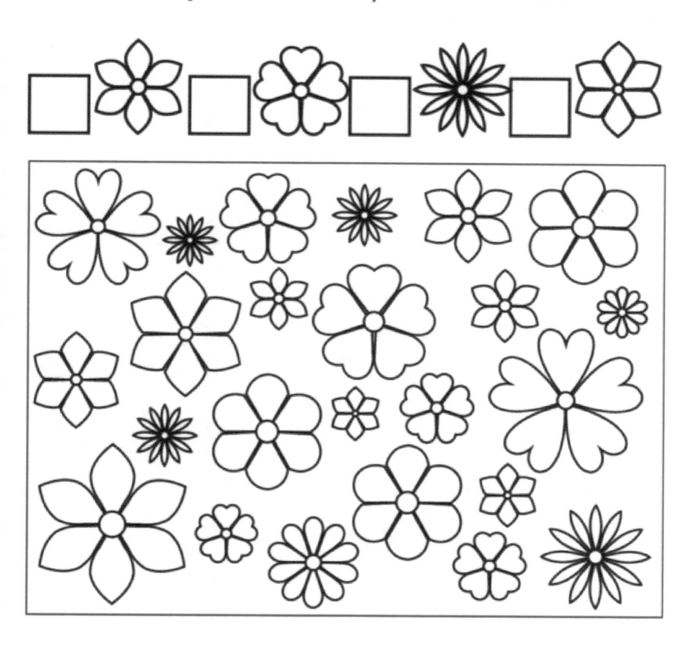

FIND THE DIFFERENCE

Draw a circle around the picture that is different.
Color the other pictures.

FIND THE DIFFERENCE

Draw a circle around the picture that is different.
Color the other pictures.

FIND THE DIFFERENCE

Draw a circle around the picture that is different.
Color the other pictures.

FIND THE DIFFERENCES

Draw a circle around the 2 pictures that are different.
Color the other pictures.

FIND THE DIFFERENCES

Draw a circle around the 2 pictures that are different.
Color the other pictures.

FIND THE DIFFERENCES

Draw a circle around the 2 pictures that are different.
Color the other pictures.

FIND THE DIFFERENCES

Draw a circle around the 2 pictures that are different.
Color the other pictures.

FIND THE DIFFERENCES

Draw a circle around the 2 pictures that are different.
Color the other pictures.

DATE / /

FIND THE DIFFERENCES

Draw a circle around the 2 pictures that are different.
Color the other pictures.

FIND THE MATCH!

Draw a circle around the 2 pictures that are the same.
Color the matching pictures.

FIND THE MATCH!

Draw a circle around the 2 pictures that are the same.
Color the matching pictures.

FIND THE MATCH!

Draw a circle around the 2 pictures that are the same.
Color the matching pictures.

FIND THE MATCH!

Draw a circle around the 3 pictures that are the same.
Color the matching pictures.

FIND THE MATCH!

Draw a circle around the 3 pictures that are the same.
Color the matching pictures.

FIND THE MATCH!

Draw a circle around the 4 pictures that are the same.
Color the matching pictures.

FIND THE MATCH!

Draw a circle around the 4 pictures that are the same.
Color the matching pictures.

FIND THE MATCH!

Draw a circle around the 4 pictures that are the same.
Color the matching pictures.

FIND THE MATCH!

Draw a circle around the 4 pictures that are the same.
Color the matching pictures.

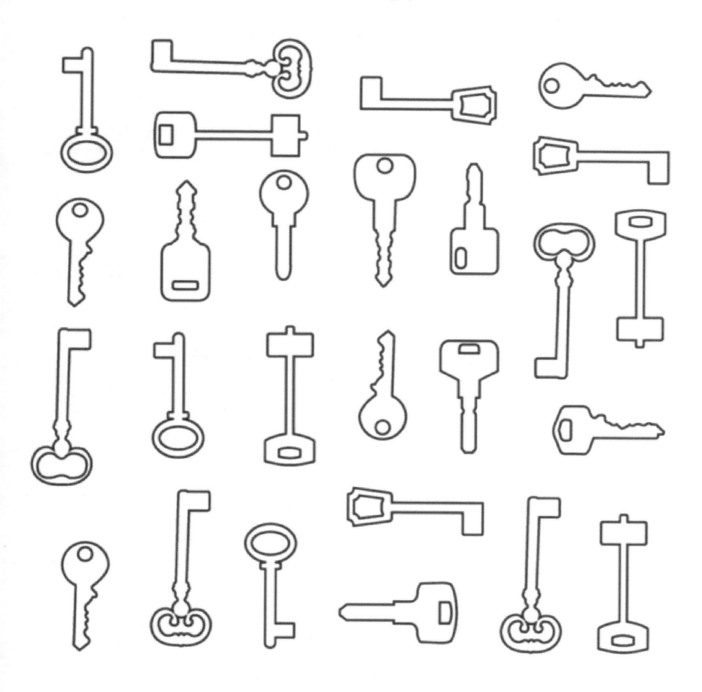

FIND THEM ALL

Make a circle around every code combinations that are the same to the one in the rectangle.

PdD(oU

PdP(qU   PdP)ou   PdD(oU

pdD(oU   pdD(oU

PdP(Qu

PdD(oU

PdP)ou   pdD(oU

PdP(qU   PdD(oU

PdP)ou

PdP(Qu

PdP(Qu   PdD(oU   PdP(Qu

FIND THEM ALL

Make a circle around every code combinations that are the same to the one in the rectangle.

OqQ/P

OqQ/P   QqQ/D   QqQ/P

        opQ/P
                            opQ/P
QqQ/D
                QqQ/P   OqQ/P

OqQ/P   opQ/P   opQ/P

        QqQ/D   QqQ/P

QqQ/D   OqQ/P   QqQ/P

FIND THEM ALL

Make a circle around every code combinations that are the same to the one in the rectangle.

WwMn&

WwMn&   VVwMu&   WwMn&

WMMn&   VVwMu&

vwMu&   WwMn&

MwMn&   WwMn8

vwMu&

MwMu&   WwMn&   MwMn&

MwMn8   MwMn8   MwMu&

FIND THEM ALL

Make a circle around every code combinations that are the same to the one in the rectangle.

.Pd(Dq(oU

.Pd(Dq(oU   .Pd(Dq.ou   .Pd(Dq(oU

.Pp(Dq(oU   .Pp(Dd(oU

.Pd(Dq(oU

.Pd(Dq.ou   .Pd(Dq.ou

.Pp(Dq(oU

.Pp(Dq(oU

.Pp(Dd(oU   .Pd(Dq(oU

.Pp(Dd(oU

.Pd(Dq.ou

.Pp(Dd(oU

.Pp(Dd(oU

.Pd(Dq(oU   .Pp(Dq(oU

FIND THEM ALL

Make a circle around every code combinations that are the same to the one in the rectangle.

Oq.Qu/Pp

Oq.Qu/Pp   Qq.Qo/Pp   Oq.Q/uPp.

Oq,Qu/P/p   Qq.Qo/Pp

Oq.Q/uPp.

Qq.Qo/Pp

Oq.Qu/Pp   Oq,Qu/P/p

Oq.Q/uPp.   Qq.Qo/Pp

Oq.Qu/Pp

Oq.Q/uPp.

Oq,Qu/P/p

Oq,Qu/P/p

Qq.Qo/Pp

Oq.Qu/Pp   Oq.Qu/Pp

FIND THEM ALL

Make a circle around every code combinations that are the same to the one in the rectangle.

Ww,Mnu,W&

Ww,Mnu,W&

Ww,Mn,uW&

Ww.Mnu,M&   Ww.Mnu,M&

Mw,Mnu.W&   Ww,Mnu,W&

Ww.Mun,M8

Ww.Mnu,M&   Ww.Mun,M8

Ww,Mnu,W&   Ww,Mnu,W&

Mw,Mnu.W&

Ww,Mn,uW&   Ww,Mn,uW&

Ww.Mnu,M&

Ww.Mun,M8

Ww,Mnu,W&   Mw,Mnu.W&

FIND THEM ALL

Make a circle around every code combinations that are the same to the one in the rectangle.

.Pd(Dq(oU

.Pd(Dq(oU   .Pd(Dq.ou   .Pd(Dq(oU

.Pd(Dq.ou   .Pp(Dd(oU

.Pd(Dq(oU   .Pd(Dq.ou

.Pd(Dq.ou   .Pp(Dd(oU

.Pp(Dq(oU   .Pp(Dq(oU

.Pd(Dq(oU   .Pd(Dq.ou

.Pp(Dd(oU .Pp(Dd(oU   .Pd(Dq(oU

.Pp(Dq(oU   .Pp(Dd(oU

.Pp(Dd(oU   .Pp(Dd(oU

.Pp(Dd(oU   .Pp(Dq(oU

.Pd(Dq(oU   .Pp(Dq(oU

FIND THEM ALL

Make a circle around every code combinations that are the same to the one in the rectangle.

Oq.Qu/Pp

Oq.Qu/Pp   Qq.Qo/Pp   Oq,Qu/P/p

Qq.Qo/Pp

Qq.Qo/Pp

Qq.Qo/Pp   Oq.Qu/Pp

Oq,Qu/P/p   Qq.Qo/Pp

Oq.Q/uPp.   Oq.Q/uPp.   Oq,Qu/P/p

Oq.Q/uPp.   Oq,Qu/P/p

Oq.Q/uPp.   Oq.Qu/Pp

Qq.Qo/Pp

Oq.Qu/Pp

Oq.Q/uPp.   Oq.Q/uPp.   Oq.Qu/Pp

Oq.Qu/Pp   Qq.Qo/Pp   Oq,Qu/P/p

FIND THEM ALL

Make a circle around every code combinations that are the same to the one in the rectangle.

> ## Ww,Mnu,W&

Mw,Mnu.W&

Ww.Mun,M8

Ww,Mnu,W&

Ww,Mnu,W&

Mw,Mnu.W&

Ww.Mnu,M&

Mw,Mnu.W&   Ww,Mn,uW&

Ww,Mn,uW&

Ww,Mn,uW&

Ww,Mnu,W&

Ww,Mnu,W&

Ww,Mnu,W&

Mw,Mnu.W&

Ww,Mn,uW&

Ww.Mun,M8

Ww,Mnu,W&

Mw,Mnu.W&   Ww.Mnu,M&

Mw,Mnu.W&

Ww.Mun,M8

Ww.Mnu,M&

Ww.Mun,M8   Ww.Mnu,M&

TANGRAM CONNECTIONS

Connect the shapes that are the same with a line.

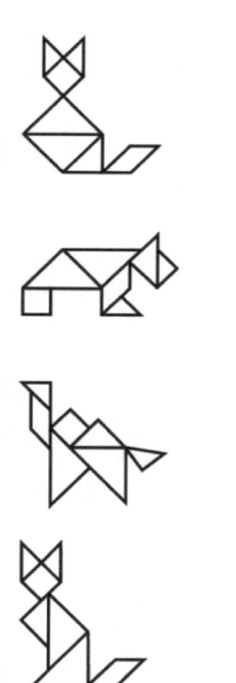
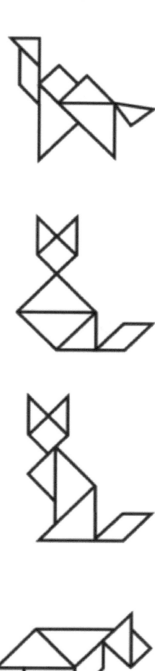

TANGRAM CONNECTIONS

Connect the shapes that are the same with a line.

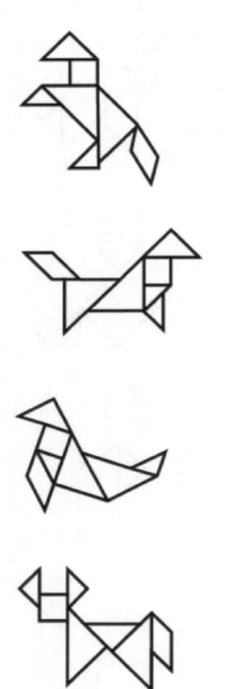

TANGRAM CONNECTIONS

Connect the shapes that are the same with a line.

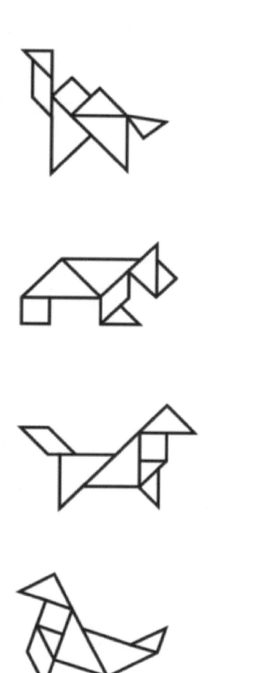

TANGRAM CONNECTIONS

Connect the shapes that are the same with a line.

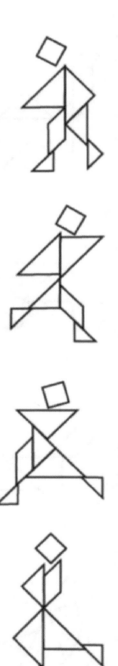

TANGRAM CONNECTIONS
Connect the shapes that are the same with a line.

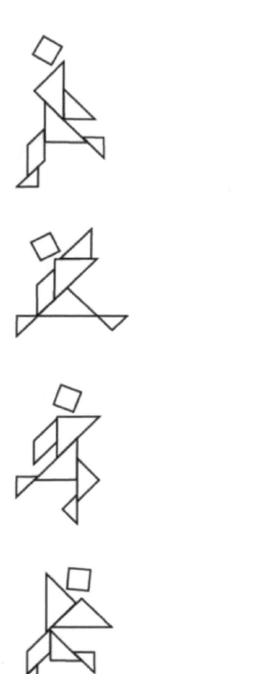
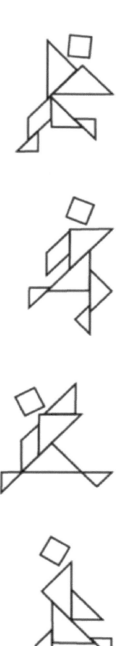

TANGRAM CONNECTIONS

Connect the shapes that are the same with a line.

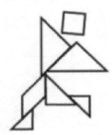

TANGRAM CONNECTIONS

Connect the shapes that are the same with a line.

TANGRAM CONNECTIONS

Connect the shapes that are the same with a line.

TANGRAM CONNECTIONS

Connect the shapes that are the same with a line.

TANGRAM CONNECTIONS

Connect the shapes that are the same with a line.

TANGRAM CONNECTIONS

Connect the shapes that are the same with a line.

TANGRAM CONNECTIONS

Connect the shapes that are the same with a line.

PATTERN MATCH

Connect with a line the pattern combinations that are the same.

PATTERN MATCH

Connect with a line the pattern combinations that are the same.

PATTERN MATCH

Connect with a line the pattern combinations that are the same.

PATTERN MATCH

Connect with a line the pattern combinations that are the same.

PATTERN MATCH

Connect with a line the pattern combinations that are the same.

PATTERN MATCH

Connect with a line the pattern combinations that are the same.

WHERE IS THE SHADOW?

Search for the shadow in the box and make a circle around it when you find it.

WHERE IS THE SHADOW?

Search for the shadow in the box and make a circle around it when you find it.

WHERE IS THE SHADOW?

Search for the shadow in the box and make a circle around it when you find it.

WHERE ARE THE SHADOWS?

Search for the shadows in the box and make a circle around them when you find them.

WHERE ARE THE SHADOWS?

Search for the shadows in the box and make a circle around them when you find them.

WHERE ARE THE SHADOWS?

Search for the shadows in the box and make a circle around them when you find them.

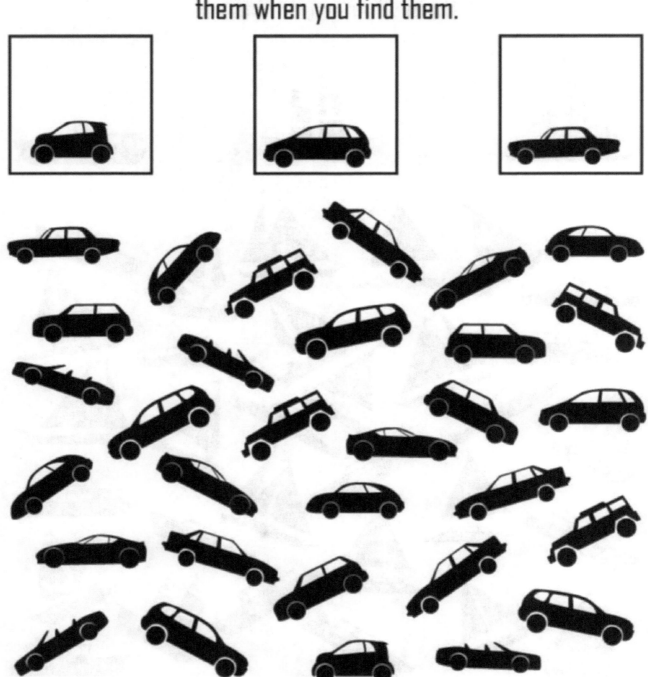

We hope you enjoyed our coloring pages inside.
We strive to provide the best possible coloring experience
and we will be deeply grateful if u would leave any kind of
feedback for our book.

Made in United States
Troutdale, OR
01/07/2024

16785204R00086